Meine
Schwangerschaft

Das Tagebuch für 9 einzigartige Monate

WHITE STAR VERLAG

INHALT

EINLEITUNG

Die Schwangerschaft ist eine besondere und einzigartige Zeit im Leben einer jeden Frau. Eine Zeit voller neuer Eindrücke, die auch durch eine große körperliche und emotionale Veränderung gekennzeichnet ist ... Neun Monate sind eine lange Zeit und es gibt oft die widersprüchlichsten Gefühle!

Mutter zu werden ist ein langer Prozess, in dem jede Frau verschiedene Phasen der Entdeckung, der Empfindungen und auch der Schwierigkeiten durchlebt. Dieses Album wird die werdende Mutter während dieser Monate begleiten. Es ermöglicht ihr, Ängste, Gefühle, Erinnerungen und praktische Aspekte für die Zukunft festzuhalten. Begleitet von dezenten Illustrationen, behandelt das Erinnerungsalbum die Monate der Schwangerschaft aus einer doppelten Perspektive: Reflektiert werden die Veränderungen, die die Frau erlebt, aber auch die Entwicklungsstadien des Embryos bis zur Geburt. Das erste Kapitel widmet sich der Entdeckung der Schwangerschaft, den Reaktionen der werdenden Mutter und des werdenden Vaters und ihren ersten Plänen für ihr künftiges Kind. Eine praktische Tabelle hilft dabei, die Entwicklung in den Schwangerschaftswochen und -monaten zu veranschaulichen. Die enge Beziehung zwischen der werdenden Mutter und dem Baby, die schon in den ersten Momenten der Schwangerschaft entsteht, spiegelt sich in dem persönlichen und intimen Ton dieses Tagebuchs wider, in dem die „Mutter-Kind"-Beziehung die Form eines tiefgründigen Dialogs annimmt, den die Frau selbst mit Leben füllt. Das Album ist daher in neun Kapitel gegliedert, die den Monaten des Wartens entsprechen. Die werdende Mutter findet hier praktische Ratschläge, Platz, um Termine oder medizinische Untersuchungen zu notieren, aber auch die Möglichkeit, die Veränderungen, die sie erlebt, sowie die Entwicklungsstadien des neuen Lebens, das sie in sich trägt, aufzuschreiben. Dieses Album ist nicht nur ein intimer Bericht über die eigenen Erfahrungen, sondern auch ein wertvolles Werkzeug, um alle wichtigen Phasen der Schwangerschaft angstfrei zu planen. Im letzten Teil hingegen kann die werdende Mutter anfangen, sich Notizen zur notwendigen Babyausstattung zu machen. Außerdem kann sie versuchen, einige Fragen zu beantworten, um herauszufinden, wie viel sie über Neugeborene weiß – einfache Fragen, die ihr helfen können, die ersten Momente ihres neuen Lebens mit ihrem Baby bestmöglich zu meistern.

Schließlich gibt es noch zwei Seiten, um das freudige Ereignis festzuhalten. Dort kann die junge Mutter das erste Foto des Neugeborenen einkleben, das sie nach so vielen Monaten des Wartens endlich in den Armen hält. Außerdem gibt es ein praktisches Fach, in dem die wichtigsten Erinnerungen oder Fotos von dieser langen Reise aufbewahrt werden können.

DER ANFANG DER GESCHICHTE

Als ich die Schwangerschaft entdeckte,

_____

_____

_____

Meine ersten Gefühle und Gedanken

_____

_____

Meine Reaktion

_____

_____

Als ich es deinem Papa gesagt habe,

Seine ersten Gefühle und Gedanken

Seine Reaktion

WIE ICH MIR DICH VORSTELLE

UND SO SIEHST DU IN DER VORSTELLUNG DEINES PAPAS AUS

DEIN STAMMBAUM

DEINE KÜNFTIGE FAMILIE

MONATE	WELCHE WOCHE GEHÖRT ZU WELCHEM MONAT?					
	Erster Tag					Letzter Tag
1. Monat	Woche 0 (beginnt am 1. Tag deines letzten Zyklus)	Woche 1	Woche 2	Woche 3	Woche 4 +3 Tage	
2. Monat	Woche 4 + 4 Tage	Woche 5	Woche 6	Woche 7	Woche 8 +5 Tage	
3. Monat	Woche 8 + 6 Tage	Woche 9	Woche 10	Woche 11	Woche 12	Woche 13 +1 Tag
4. Monat	Woche 13 + 2 Tage	Woche 14	Woche 15	Woche 16	Woche 17 +4 Tage	
5. Monat	Woche 17 + 5 Tage	Woche 18	Woche 19	Woche 20	Woche 21 +6 Tage	
6. Monat	Woche 22 + 0 Tage	Woche 23	Woche 24	Woche 25	Woche 26 +2 Tage	
7. Monat	Woche 26 + 3 Tage	Woche 27	Woche 28	Woche 29	Woche 30 +4 Tage	
8. Monat	Woche 30 + 5 Tage	Woche 31	Woche 32	Woche 33	Woche 34	Woche 35 +0 Tage
9. Monat	Woche 35 + 1 Tag	Woche 36	Woche 37	Woche 38	Woche 39	Woche 40 +0 Tage
	2 weitere Wochen bis zum errechneten Geburtstermin					

WOCHEN

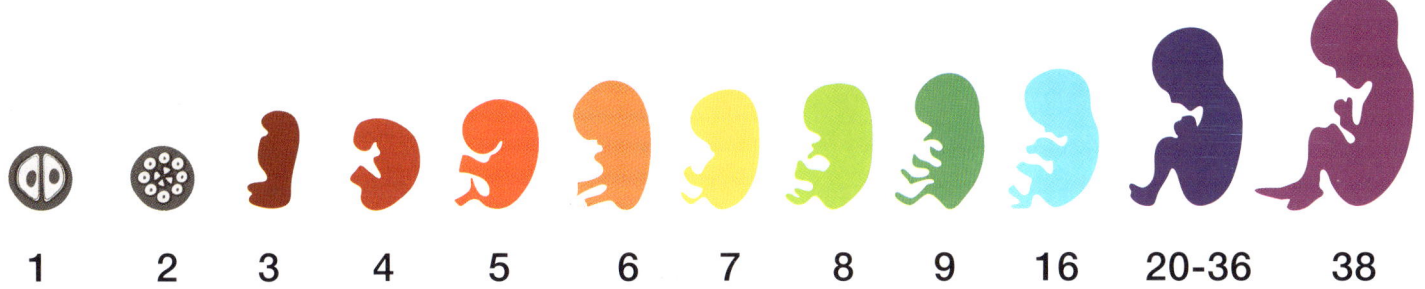

| 1 | 2 | 3 | 4 | 5 | 6 | 7 | 8 | 9 | 16 | 20-36 | 38 |

MONATE

| 1 | 2 | 3 | 4 | 5 | 6 | 7 | 8 | 9 |

LÄNGE UND GEWICHT DES KINDES
JE NACH SCHWANGERSCHAFTSWOCHE

9. Woche	1,6 cm	1 g			25. Woche	30 cm	600 g		
10. Woche	2,3 cm	2 g			26. Woche	34,6 cm	660 g		
11. Woche	3,1 cm	4 g			27. Woche	35,6 cm	760 g		
12. Woche	4,1 cm	7 g			28. Woche	36,6 cm	875 g		
13. Woche	5,4 cm	14 g			29. Woche	37,6 cm	1,5 kg		
14. Woche	7,4 cm	23 g			30. Woche	38,6 cm	1,153 kg		
15. Woche	8,7 cm	43 g			31. Woche	39,9 cm	1,319 kg		
16. Woche	10,1 cm	70 g			32. Woche	41,1 cm	1,502 kg		
17. Woche	11,6 cm	100 g			33. Woche	42,4 cm	1,702 kg		
18. Woche	13 cm	140 g			34. Woche	43,7 cm	1,918 kg		
19. Woche	14,2 cm	190 g			35. Woche	45 cm	2,146 kg		
20. Woche	16,5 cm	275 g			36. Woche	46,2 cm	2,383 kg		
21. Woche	25,6 cm	300 g			37. Woche	47,4 cm	2,622 kg		
22. Woche	26,7 cm	360 g			38. Woche	48.6 cm	2,859 kg		
23. Woche	27,8 cm	430 g			39. Woche	49,8 cm	3,083 kg		
24. Woche	28,9 cm	501 g			40. Woche	50,7 cm	3,288 kg		

FÜR DIE MAMA: *Die angegebenen Werte sind nur Richtwerte. Bitte trage die tatsächlichen Maße deines Kindes ein.*

Dein voraussichtlicher Geburtstermin ist der

Dein Sternzeichen ist

Unser Frauenarzt heißt

Geboren wirst du in dem Krankenhaus

ERSTER SCHWANGERSCHAFTSMONAT

Wichtige Termine

_____

_____

_____

_____

Nahrungsergänzungsmittel

_____

_____

Termine für Vorsorgeuntersuchungen vereinbaren

_____

_____

FÜR DIE MAMA: *Spätestens jetzt solltest du mit der Einnahme von Folsäure beginnen und von deinem Arzt die notwendigen Blutuntersuchungen vornehmen lassen. Es ist gut, gleich zu wissen, ob du für bestimmte Infektionen wie Toxoplasmose anfällig bist. Außerdem ist eine gesunde Ernährung jetzt wichtig, vermeide bestimmte Lebensmittel und reduziere Alkohol auf ein absolutes Minimum.*

Notizen

Der erste Schwangerschafts-monat beginnt am ersten Tag des letzten Zyklus und endet 4 Wochen + 3 Tage später.

Meine Gefühle

Mir geht es

_____

_____

_____

_____

Die ersten Symptome

_____

_____

_____

Meine häufigsten Gedanken sind

_____

_____

_____

Meine ersten Zukunftsängste sind

Die ersten Zukunftsängste deines Papas sind

Wie dein Papa und ich die Neuigkeit gefeiert haben

ZWEITER SCHWANGERSCHAFTSMONAT

Wichtige Termine

_____

_____

_____

_____

Nahrungsergänzungsmittel

_____

_____

_____

Termine für Vorsorgeuntersuchungen vereinbaren

_____

_____

_____

FÜR DIE MAMA: *Sprich mit deinem Frauenarzt oder deiner Frauenärztin darüber, wenn du regelmäßig Medikamente einnimmst. Du solltest weiterhin Folsäure einnehmen und dich so viel wie möglich ausruhen. Anstrengende Übungen und Sportarten solltest du vermeiden, wenn sie dich körperlich zu sehr anstrengen. Zu den Symptomen, die auftreten können, gehören erste Übelkeit, zunehmende Müdigkeit, plötzliche Stimmungsumschwünge und eine zunehmende Größe deiner Brüste.*

Notizen

Der zweite Schwangerschaftsmonat beginnt nach 4 Wochen + 4 Tagen und endet nach Woche 8 + 5 Tagen.

Meine Gefühle

Mir geht es

_____

_____

_____

Die ersten körperlichen Veränderungen, die ich bemerke

_____

_____

_____

Wie ich meinen Lebensstil angepasst habe

_____

_____

_____

Welche Kosenamen wir für dich erfunden haben

_____

_____

Was wir sagen, wenn wir über dich sprechen

_____

_____

_____

_____

Unsere ersten Projekte für dich

_____

_____

_____

_____

Der erste Besuch beim Frauenarzt

Datum der ersten Untersuchung beim Frauenarzt

Was ich dabei gefühlt habe

Was dein Papa dabei gefühlt hat

Dein erstes Ultraschallbild

DRITTER SCHWANGERSCHAFTSMONAT

Wichtige Termine

_____

_____

_____

_____

Nahrungsergänzungsstoffe

_____

_____

_____

Termine für Vorsorgeuntersuchungen vereinbaren

_____

_____

FÜR DIE MAMA: *Nun beginnt die schönste Zeit deiner Schwangerschaft. Du fühlst dich gut und bist voller Kraft und Elan. Die Übelkeit verschwindet allmählich und dein Haar sieht kräftig und glänzend aus. Achte aber besonders auf die Ernährung und die Mundhygiene. Um einer Anämie vorzubeugen, bitte deinen Arzt, dir gegebenenfalls Eisenpräparate zu verschreiben.*

Notizen

Der dritte Schwangerschafts-monat beginnt nach Woche 8 + 6 Tagen und endet nach Woche 13 + 1 Tag.

Meine Gefühle

Mir geht es

_____

_____

_____

Die körperlichen Veränderungen, die ich bemerke

_____

_____

_____

Mein Gewicht beträgt

_____

_____

Welche Veränderungen dein Papa an mir bemerkt

_____

_____

_____

_____

Wie wir es unseren Freunden gesagt haben

_____

_____

_____

Was sie zu uns gesagt haben

_____

_____

_____

_____

Meine Gefühle

Wie oft sich meine Stimmung ändert

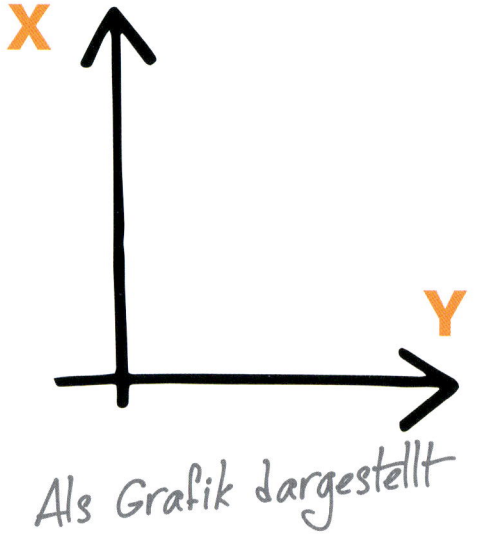

Als Grafik dargestellt

Wie sich meine Übelkeit entwickelt

Meine Stimmungsschwankungen laut deinem Papa

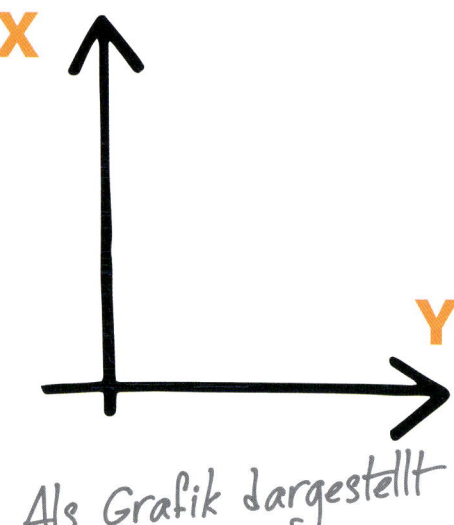

Als Grafik dargestellt

Wie oft ich grundlos weine

Woche 1   Woche 2   Woche 3   Woche 4

meine Laune in Farben

VIERTER SCHWANGERSCHAFTSMONAT

Wichtige Termine

_____

_____

_____

_____

Nahrungsergänzungsmittel

_____

_____

Termine für Vorsorgeuntersuchungen vereinbaren

_____

_____

FÜR DIE MAMA: Durch die erhöhte Blutzirkulation schwitzt du vielleicht mehr als sonst und hast eine verstopfte Nase. Auch der Ausfluss aus der Scheide kann zunehmen (Vorsicht, wenn er nicht weiß ist, kann es sich um eine Infektion handeln, die behandelt werden muss!). Das sind alles normale Zustände, die nach der Geburt aufhören werden. Zwischen dem Nabel und dem Schambein kann eine schwarze Linie entstehen. Wenn sie sich bildet, mach dir keine Sorgen, sie wird nach der Geburt langsam verschwinden.

Notizen

Der vierte Schwangerschaftsmonat beginnt nach Woche 13 + 2 Tagen und endet nach Woche 17 + 4 Tagen.

Meine Gefühle

Mir geht es

_____

_____

_____

_____

Die körperlichen Veränderungen, die ich bemerke

_____

_____

_____

_____

Welche Gelüste ich habe

_____

_____

_____

Ob du ein Junge oder ein Mädchen bist

Wie ich reagiert habe

Wie dein Papa reagiert hat

WIE ICH MIR DICH JETZT VORSTELLE

DEIN PAPA STELLT SICH SEIN BABY JETZT SO VOR:

FÜNFTER SCHWANGERSCHAFTSMONAT

Wichtige Termine

_____

_____

_____

Nahrungsergänzungsmittel

_____

_____

Termine für Vorsorgeuntersuchungen vereinbaren

_____

_____

FÜR DIE MAMA: *Du hast die Hälfte deiner Schwangerschaft hinter dir, herzlichen Glückwunsch! Dein Bauch ist deutlich zu sehen. Nun kannst du beginnen, Cremes gegen Dehnungsstreifen zu benutzen. Verdauungsprobleme und Schlaflosigkeit könnten zunehmen. Deine Brüste verändern auch ihre Form, kaufe einen passenden BH, der sie stützt. Vermeide Überanstrengung, aber gehe spazieren, wenn du kannst, oder treibe leichten Sport.*

Notizen

Der fünfte Schwangerschafts-monat beginnt nach Woche 17 + 5 Tagen und endet nach Woche 21 + 6 Tagen.

Meine Gefühle

Mir geht es

_____

_____

_____

Die körperlichen Veränderungen, die ich bemerke

_____

_____

Wie oft sich meine Stimmung ändert

_____

_____

_____

X

Y

Als Grafik dargestellt

Wie sich mein Lebensstil geändert hat

Wie oft ich grundlos weine

Woche 1   Woche 2   Woche 3   Woche 4

Meine Laune in Farben

Wie viel ich schlafe

X

Y

Als Grafik dargestellt

Mein bevorzugtes Outfit

Schwangeren-Shopping

Meine Lieblingsgeschäfte

Ein Shoppingtag mit meinen Freundinnen

Wunschliste

SECHSTER SCHWANGERSCHAFTSMONAT

Wichtige Termine

_____

_____

_____

_____

Nahrungsergänzungsmittel

_____

_____

Termine für Vorsorgeuntersuchungen vereinbaren

_____

_____

_____

FÜR DIE MAMA: *Dein Baby sieht allmählich aus wie ein Miniaturmensch und es nimmt an Gewicht immer mehr zu. Seine oder ihre Sinne beginnen auch, die Außenwelt wahrzunehmen, und du bemerkst seine oder ihre Bewegungen deutlich. Deine Haut verändert sich, sie wird dicker und wirkt fahl. Es kann sein, dass du Schmerzen im Unterleib verspürst, bei denen es sich wahrscheinlich um Gebärmutterkontraktionen handelt. Der Schmerz sollte mit ein wenig Ruhe nachlassen.*

Notizen

Der sechste Schwangerschafts-monat beginnt genau nach Woche 22 und endet nach Woche 26 + 2 Tagen.

Meine Gefühle

Mir geht es

_____

_____

_____

_____

Ich wiege

_____

Wie sich meine Gelüste verändern

_____

_____

_____

Dein Ultraschallbild

Du in meinem Bauch

Deine Lieblingsgeschichte ist

Dein Lieblingslied ist

Wie viel du schläfst

X

Y

Als Grafik dargestellt

Welche Vorlieben du hast

Was dein Papa dir erzählt

Deine Tritte

X

Y

Als Grafik dargestellt

SIEBTER SCHWANGERSCHAFTSMONAT

Wichtige Termine

Nahrungsergänzungsmittel

Termine für Vorsorgeuntersuchungen vereinbaren

FÜR DIE MAMA: *Es kann sein, dass deine Brustdrüsen anfangen, Kolostrum zu produzieren, und gelbe Flüssigkeit aus deinen Brustwarzen austritt. Das passiert aber nicht bei allen Müttern, also mach dir keine Sorgen, wenn es bei dir nicht so ist. Es bedeutet nicht, dass du nach der Geburt deines Babys keine Milch haben wirst. Wenn du weiter zunimmst und dein Bauch wächst, ist es ratsam, eine elastische Bandage zu tragen, um Rückenschmerzen zu vermeiden.*

Notizen

Der siebte Schwangerschafts-
monat beginnt nach
Woche 26 + 3 Tagen
und endet nach
Woche 30 + 4 Tagen.

Meine Gefühle

Mir geht es

_____

_____

_____

Meine Ängste sind

_____

_____

_____

Die Ängste deines Papas sind

_____

_____

Was du tagsüber treibst

_____

_____

Was du nachts treibst

_____

_____

_____

In welchen Stellungen ich schlafen muss

_____

_____

_____

_____

Der Geburtsvorbereitungskurs

Wo ich mich angemeldet habe

Wochentage und Termine

Wie der Kurs aufgebaut ist

Welche Übungen ich machen muss

Meine neuen Weggefährtinnen

Unterhaltungen mit künftigen Müttern

ACHTER SCHWANGERSCHAFTSMONAT

Wichtige Termine

Nahrungsergänzungsmittel

Termine für Vorsorgeuntersuchungen vereinbaren

FÜR DIE MAMA: *Das ist der Moment, in dem dein Baby die Position wählt, in der es geboren werden soll, normalerweise mit dem Kopf nach unten und dem Po nach oben. Vielleicht spürst du durch kleine Stöße in deinem Bauch schon seinen Schluckauf. Endlich kannst du auch seine Bewegungen mit bloßem Auge sehen, seinen Ellbogen oder sein Füßchen streicheln ... versuche, diese Bewegungen zu beobachten. Kümmere dich um dich selbst, mach lange Spaziergänge, wenn du dich gut fühlst, aber erwarte nie zu viel von deinem Körper!*

Notizen

Der achte Schwangerschafts-monat beginnt nach Woche 30 + 5 Tagen und endet genau nach Woche 35.

Meine Gefühle

Mir geht es

_____

_____

_____

Mein typischer Tagesablauf

_____

_____

_____

Was ich dir über den Tag verteilt erzähle

_____

_____

_____

Was dir dein Papa erzählt

Welche Musik wir zurzeit hören

Was wir planen, wenn du auf der Welt bist

Meine Gefühle

Meine Ängste

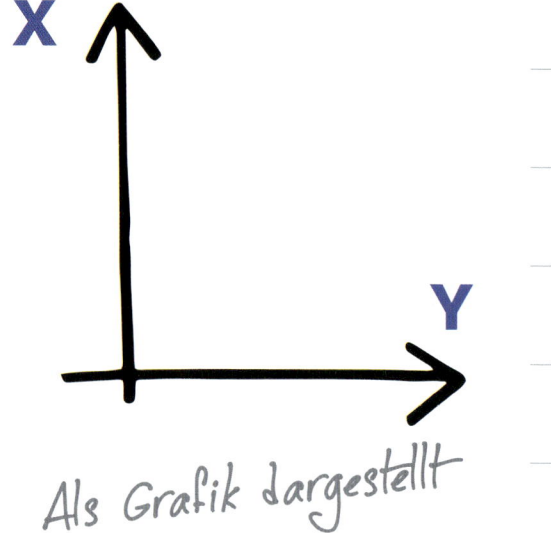

X

Y

Als Grafik dargestellt

Die Ängste deines Papas

X

Y

Als Grafik dargestellt

Dein Ultraschallbild

NEUNTER SCHWANGERSCHAFTSMONAT

Wichtige Termine

Nahrungsergänzungsmittel

Termine für Vorsorgeuntersuchungen vereinbaren

FÜR DIE MAMA: *Du bist bald am Ende deiner Reise voller starker Gefühle. Deine Gebärmutter hat jetzt ihre maximale Ausdehnung erreicht und drückt auf die verschiedenen Organe, vor allem auf die Harnblase, sodass du immer öfter auf die Toilette gehen musst. Die Haut über deinem Bauch ist extrem gespannt; dein Nabel ist gedehnt und ein dichtes Netz von Blutgefäßen ist unter der Haut sichtbar. Auf emotionaler Ebene könnte dies der Monat sein, in dem du die größten Stimmungsschwankungen erlebst.*

Notizen

Der neunte Schwangerschafts- monat beginnt nach Woche 35 + 1 Tag und endet nach Woche 40.

Meine Gefühle

Mir geht es
_____

_____

_____

Wie oft ich grundlos weine
_____

_____

Woche 1   Woche 2   Woche 3   Woche 4

Meine Laune in Farben
_____

Meine Gefühle
_____

_____

_____

_____

Die Gefühle deines Papas

Wie ich mir das Leben mit dir vorstelle

Wie ich die letzten neun Monate kurz zusammenfasse

Meine Gefühle

Wie oft meine Stimmungen schwanken

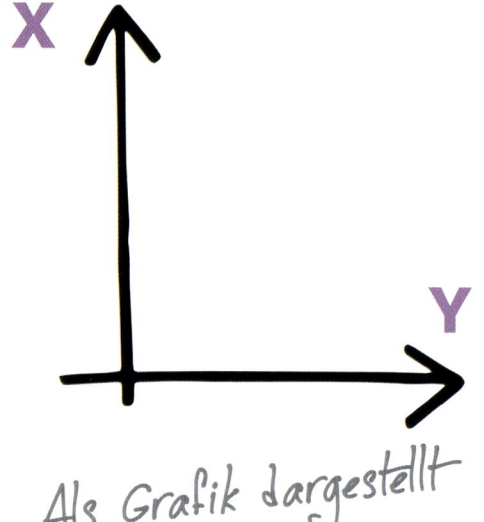

X

Y

Als Grafik dargestellt

Wie viel ich schlafe

X

Y

Als Grafik dargestellt

Deine künftige Familie ...

... du bist noch in meinem großen Bauch

DAS NAMENSSPIEL

Die Namen, die ich schön finde

Die Namen, die dein Papa schön findet

_____

_____

_____

_____

_____

_____

Der Gewinner ist

_____

_____

DEIN ZIMMER ENTSTEHT

Beschreibung deines Zimmers

Planzeichnung

DEINE GARDEROBE WÄCHST

Einkaufsliste

Neugeborenenquiz

A) Ein Neugeborenes erkennt Gegenstände in einer Entfernung ...

❏ von 5 bis 10 Zentimetern.

❏ von 10 bis 35 Zentimetern.

❏ von 40 bis 75 Zentimetern.

B) Neugeborene können schwimmen.

❏ Wahr.

❏ Falsch.

C) Wie viele Stunden sollte ein Neugeborenes innerhalb eines Tages schlafen?

❑ 8–12 Stunden.

❑ 10–16 Stunden.

❑ 15–20 Stunden.

D) Wann sollte das erste Babybad erfolgen?

❑ Wenn der Nabel verheilt ist.

❑ Sofort, allerdings muss der Nabelschnurstumpf gut abgetrocknet werden.

❑ Einige Tage nach der Geburt.

E) Wann ungefähr fällt der Nabelschnurstumpf ab?

❑ Während der ersten Lebenswoche.

❑ In der dritten Lebenswoche.

❑ In der fünften Lebenswoche.

F) Muss man sich Sorgen machen, wenn das Baby nach dem Trinken kleine Mengen Milch erbricht?

❑ Am besten einen Kinderarzt aufsuchen.

❑ Ist das Wachstum des Kindes gleichmäßig und regelmäßig, besteht kein Grund zur Sorge.

❑ Die Fütterungsintervalle müssen eingeschränkt werden.

G) Muss man alles, mit dem das Baby in Kontakt kommt, sterilisieren?

❑ Der Sauger und die Saugflasche müssen sterilisiert werden. Alle anderen Gegenstände, mit denen das Baby in Kontakt kommt, können einfach gereinigt werden.

❑ Man muss alles, mit dem das Baby in Kontakt kommt, sterilisieren.

❑ Es muss nichts sterilisiert werden.

H) Die Haut eines Säuglings schuppt leicht.

❑ Wahr.

❑ Falsch.

Antworten

A) Neugeborene sehen Objekte in einer Entfernung von 10 bis 35 Zentimetern deutlich.

B) Falsch. Bis zum dritten Lebensmonat können Neugeborene unter Wasser die Luft anhalten und kurzfristig schwimmen. Aber erst ab dem dritten Lebensjahr sind sie in der Lage, wirklich zu schwimmen.

C) Neugeborene schlafen etwa 16 Stunden am Tag, allerdings in Intervallen von etwa drei bis vier Stunden.

D) Man kann das Baby sofort baden, allerdings muss man den Stumpf sehr gut abtrocknen, ohne Desinfektionsmittel zu verwenden, und dann mit einer trockenen und sterilen Gaze umwickeln, wobei man besonders auf das Ende der Nabelschnur achten muss, denn hier können sich Sekrete sammeln.

E) In der dritten Woche trocknet der Nabelschnurstumpf ein. Er fällt ab und hinterlässt eine saubere und gut verheilte Wunde.

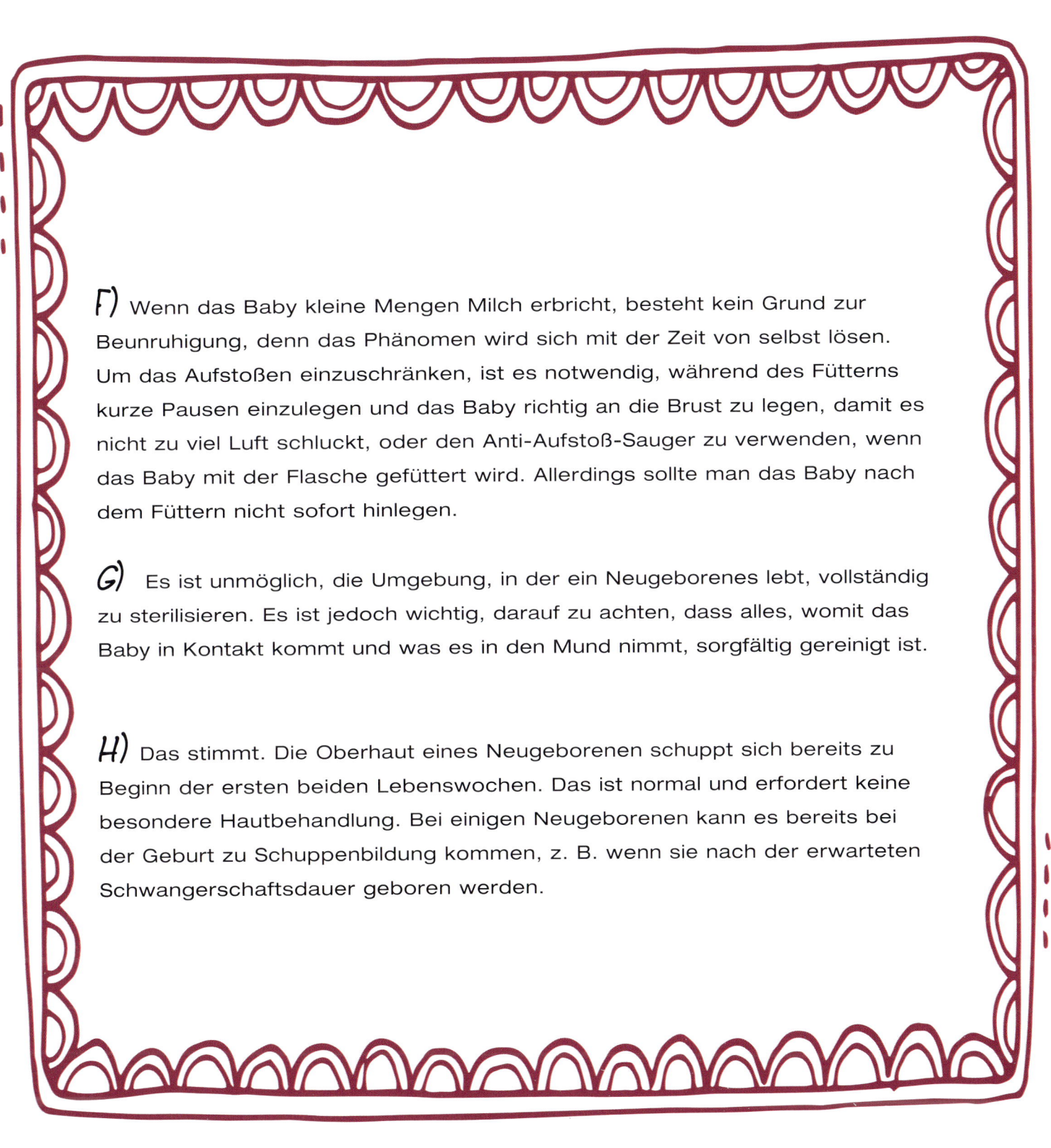

F) Wenn das Baby kleine Mengen Milch erbricht, besteht kein Grund zur Beunruhigung, denn das Phänomen wird sich mit der Zeit von selbst lösen. Um das Aufstoßen einzuschränken, ist es notwendig, während des Fütterns kurze Pausen einzulegen und das Baby richtig an die Brust zu legen, damit es nicht zu viel Luft schluckt, oder den Anti-Aufstoß-Sauger zu verwenden, wenn das Baby mit der Flasche gefüttert wird. Allerdings sollte man das Baby nach dem Füttern nicht sofort hinlegen.

G) Es ist unmöglich, die Umgebung, in der ein Neugeborenes lebt, vollständig zu sterilisieren. Es ist jedoch wichtig, darauf zu achten, dass alles, womit das Baby in Kontakt kommt und was es in den Mund nimmt, sorgfältig gereinigt ist.

H) Das stimmt. Die Oberhaut eines Neugeborenen schuppt sich bereits zu Beginn der ersten beiden Lebenswochen. Das ist normal und erfordert keine besondere Hautbehandlung. Bei einigen Neugeborenen kann es bereits bei der Geburt zu Schuppenbildung kommen, z. B. wenn sie nach der erwarteten Schwangerschaftsdauer geboren werden.

DEINE PERSÖNLICHEN DATEN

Geboren wurdest du am   um   Uhr.

In

Dein Gewicht

Deine Länge

Du kamst auf die Welt mit

DAS ERSTE FOTO VON DIR

Illustrationen

Elena Veronesi

Redaktionelle Koordination

Giorgia Raineri

Layout

Paola Piacco

WHITE STAR VERLAG

WS White Star Verlag® ist eine eingetragene Marke von White Star s.r.l.

© 2022 White Star s.r.l.
Piazzale Luigi Cadorna, 6 - 20123 Mailand, Italien
www.whitestar.it

Übersetzung: Annette Ostlaender
Korrektorat: Beate Bücheleres-Rieppel

ISBN 978-88-6312-516-0
1 2 3 4 5 6   26 25 24 23 22

Gedruckt in Serbien